LA RÉGENCE

de

DÉCEMBROSTEIN

Vaudeville politique en cinq actes

PAR

PASCHAL GROUSSET

Le respectueux. Ah ! ne mêlons pas les
femmes à nos disputes politiques !
L'irrespectueux. Que ces dames commencent par ne pas s'en mêler !

. . . .

2e ÉDITION

Prix : 1 Franc

PARIS

DÉPOT CENTRAL CHEZ MADRE

20, Rue du Croissant, 20

1869

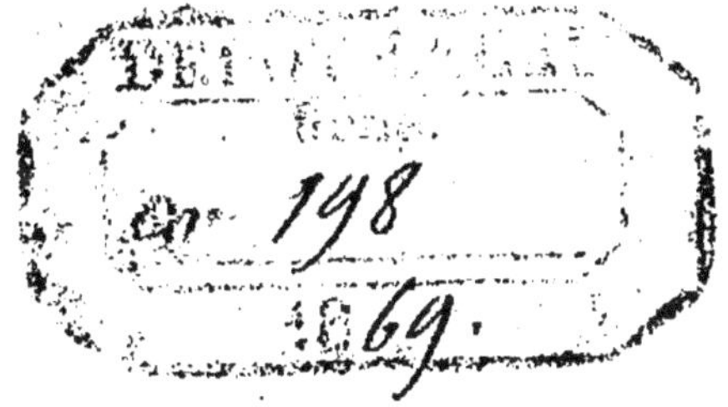

LA RÉGENCE DE DÉCEMBROSTEIN

PERSONNAGES.

La Sultane.
Le docteur Ixe.
Le docteur Zède.
Le docteur Igrec.
Le feld-maréchal Khan-
 Rob-Boyveau-l'Affec-
 teur.
Le père Papelardino.
Frère Incontinentini.
Le révér^d Gras-Doublard.
Frère Mouchardoski.
Sœur Cascadelina.
Le général Fleur-de-Ka-
 bylie.
Mme de Coq-Hodet.
La princesse d'Affiche-tes-
 Niches.
Le prince Plomb-Plomb-
 Pudding.
La princesse Nana.
Le surintendant Vieux-
 Jaune-Ker-Ke.
Théramène.
L'Héritier présomptif.
Le Grand-Maître des céré-
 monies.
Premier Squelette.

Deuxième Squelette.
La Transportation.
La Loi de sûreté géné-
 rale.
L'Article 75.
La Commission mixte.
La Guerre.
La Grève.
La Faim.
La Liste civile.
Le Cumul.
Les Cinq emprunts.
La Fée du déficit.
Une Sœur de charité.
Un Fusil chassepot.
Autres Masques.
Un Ministre.
Une Vessie prise pour
 une lanterne.
Le Canal de Suez.
La Baisse de la rente.
Premier Aide de camp.
Un Crevé.
Deuxième Aide de camp
Le Peuple.
Un Titi lettré.

La scène se passe de nos jours, à
Lupanarville.

LA RÉGENCE

de

DÉCEMBROSTEIN

Vaudeville politique en cinq actes

PAR

PASCHAL GROUSSET

Le respectueux. Ah ne mêlons pas les femmes à nos disputes politiques !

L'irrespectueux. Que ces dames commencent par ne pas s'en mêler !

. . . .

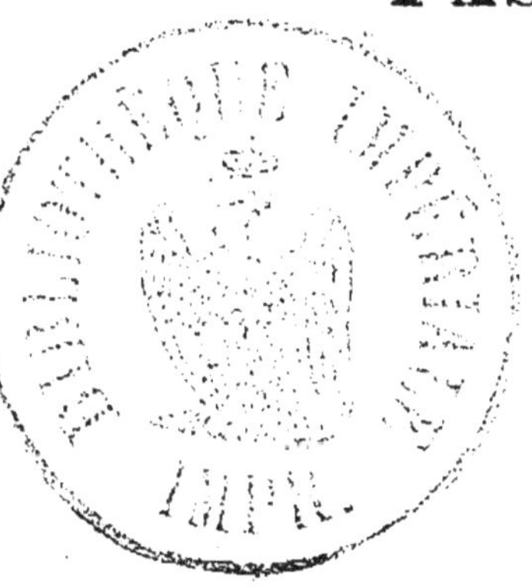

PARIS

DÉPOT CENTRAL CHEZ MADRE

20, rue du Croissant, 20

1869

LA RÉGENCE

DE

DÉCEMBROSTEIN

ACTE PREMIER.

Un boudoir.

SCÈNE PREMIÈRE.

LA SULTANE (*seule.*)

Quoi faire?... à quoi se résoudre?... Il faut à tout prix atteindre la liquidation sans que la nouvelle se sache... sans quoi patatras! mes Gaz et mes Fonciers... quelle dèche!... Un pouf de huit ou dix millions? merci... Rédigeons le 92ᵉ bulletin...

(*Elle s'assied devant un petit bureau et écrit:*)

« Sa Hautesse se rétablit à vue d'œil... » Comment *œil* peut-il bien s'écrire?... Ma

foi, tant pis ! Beaux-Reins me corrigera ça...
Il sait tout, cet animal-là !...

« Sa Hautesse se rétablit à vue d'œil. Hier,
elle a fait trois cent vingt-sept fois le tour de
sa chambre, après un déjeuner composé de
quatre douzaines d'huîtres, de deux ailes de
dinde, d'un plat d'haricots, de quatre pêches
et de deux bouteilles de sauterne première...»

C'est peut-être un peu indigeste... mais
tout pour la couleur locale !...

« Les médecins espèrent que sous deux ou
trois jours Sa Hautesse pourra venir s'offrir
aux acclamations de son peuple en délire... »

UN CHAMBELLAN (*annonçant*).

M. le docteur Ixe ! M. le docteur Zède !
M. le docteur Igrec !

SCÈNE II.

LA SULTANE, *le docteur* IXE, *le docteur*
ZÈDE, *le docteur* IGREC.

LA SULTANE.

Messieurs, vous arrivez à propos pour
m'aider à rédiger le 92ᵉ bulletin...

(*Les médecins se poussent le coude comme*

*pour s'exciter mutuellement à parler. Hési-
tation évidente.*

Mais qu'est-ce donc, messieurs? vous paraissez avoir quelque chose de grave à me
dire ?

LE DOCTEUR IXE.

Mon Dieu ! madame, mieux vaut vous le
dire tout de suite... Nous sommes entrés tout
à l'heure, comme nous avons conservé l'habitude de le faire, dans la chambre de Sa
Hautesse, pour continuer à entretenir l'illu-
sion publique et à garder le secret de l'évè-
nement funeste qui s'est produit il y cinq
jours... Eh bien, madame, nous sommes obli-
gés de vous confesser que notre office devient
tous les jours plus pénible... Nous ne parlons
pas seulement des interrogatoires sans nom-
bre auxquels nous sommes soumis par tous
nos clients : cela n'est rien... ce qui est triste
c'est que Sa Hautesse commence à sentir
très-mauvais, et que même en tenant les
fenêtres ouvertes, l'odeur de l'Auguste Cada-
vre devient insoutenable.

LE DOCTEUR ZÈDE.

Effectivement ! effectivement !

LE DOCTEUR IGREC.

C'est clair ! c'est clair !

LA SULTANE.

Pas un mot de plus, messieurs, je vous comprends... Vous êtes à la baisse et la langue vous démange : vous grillez d'envie de pouvoir acheter avec un fort bénéfice les valeurs que vous avez à livrer en liquidation... Pas de ça Lisette !...

LE DOCTEUR IXE.

Madame, croyez-bien...

LA SULTANE.

Et vous pensiez bravement que j'allais gober ça sans broncher ?... Ah ! mais non !... Il y a longtemps que nous nous connaissons, mon bonhomme !... Il y a plus de vingt ans...

LE DOCTEUR IXE.

Sa Hautesse est mille fois trop bonne de daigner rappeler un souvenir si glorieux pour moi.

LA SULTANE.

(*A part.*) Oui ! oui ! des bêtises !... Ah ! tu as envie de causer ? Attends un peu, je vais te la faire passer...
(*Elle sonne. Paraît un chambellan.*)

(*Haut.*) Le feld-maréchal Khan-Rob-Boy-veau-l'Affecteur! Tout de suite!

(*Exit le chambellan.*)

Il ne peut pas sentir si mauvais, en somme!... avec toutes les drogues que vous avez apportées... Je suis sûre qu'il y en a au moins pour deux mille francs... A propos, comment écrivez-vous *œil*, docteur?

LE DOCTEUR IXE.

Œil?... Œ... i... l, œil.

LA SULTANE.

Vous êtes sûr?

LE DOCTEUR IXE.

Comment, si j'en suis sûr? Complétement.

LA SULTANE.

C'est que vous êtes très-farceur... J'aurais cru plutôt que cela s'écrivait e-u-i-l...

SCÈNE III.

LES PRÉCÉDENTS, *le feld-maréchal* KHAN-ROB-BOYVEAU-L'AFFECTEUR.

LA SULTANE.

Ah ! vous voilà, maréchal... Savez-vous ce

qui arrive ?... Ces trois messieurs se plaignent que les morts ne sentent pas la rose.

LE FELD-MARÉCHAL.

Pas la rrrose ?... Vrrraisemblablement que j'en ai senti quelquefois, des morrrts, et que je sais ce que c'est... Parr exemple, le 4 décembrrre...

LA SULTANE.

C'est bon, nous connaissons ça... Eh bien! dites un peu à ces messieurs qu'à tout prendre ce n'est pas une si mauvaise odeur.

LE FELD-MARÉCHAL (*hébété.*)

A tout prrrendrrre ?

LA SULTANE.

Oui, quand il y a des raisons majeures pour supporter cette odeur.

LE FELD-MARÉCHAL (*illuminé.*)

Que c'est comme qui dirrrait une consigne?... Majorrr, avancez à l'orrrdrrre : Les morts sentent la rrrose, quand il y a pourrr cela des rrraisons majeurrres !

LE DOCTEUR IXE.

Les morts sentent la rose, quand il y a pour cela des raisons majeures.

LE DOCTEUR ZÈDE.

Effectivement! effectivement.

LE DOCTEUR IGREC.

C'est clair! c'est clair!

LA SULTANE.

Je vois avec plaisir, messieurs, que vous adoptez l'opinion du maréchal, qui s'y connaît... Je ne puis trop vous engager à vous y tenir. Si vous n'avez pas envie d'aller herboriser sous des latitudes moins tempérées que la nôtre...

LES MÉDECINS (*très-aimables*).

Oh! madame, nous savons notre botanique!

(*Exeunt, courbé jusqu'à terre*).

ACTE II.

Un salon de plain pied avec le jardin.

SCÈNE PREMIÈRE.

Le père PAPELARDINO, *frère* INCONTI-NENTINI, *le révérend* GRAS - DOU-BLARD, *frère* MOUCHARDOSKI, *sœur* CASCADELLINA.

LE RÉVÉREND GRAS-DOUBLARD (*au père Papelardino.*)

Cher père, que je suis aise de vous rencontrer ici... Vous venez sans doute solliciter les bontés de Sa Hautesse en faveur de votre sainte maison.

LE PÈRE PAPELARDINO.

Oh ! mon Dieu, presque rien... Seulement quelques billets de mille (comme disent les profanes) pour achever le clocher de notre nouvelle église... Une misère !

SŒUR CASCADELLINA (*très-aigre.*)

Une misère ! une misère ! Votre congrégation a déjà soutiré au moins huit cent mille francs à Sa Hautesse, cette année seulement.

LE RÉVÉREND GRAS-DOUBLARD.

Sous ce rapport, ma chère sœur, je crois que votre maison n'a pas eu à se plaindre... Ce n'est pas comme notre œuvre des Enfants-Chauves (les pauvres petits !) qui a obtenu à grand'peine de quoi acheter onze mille perruques.

SŒUR CASCADELLINA.

Vous ne parlez pas des trente mille toupets dont vous avez touché le prix à vingt francs pièce !... Quoique en somme il soit bien difficile d'admettre que les toupets coûtent aussi cher, et surtout qu'il y ait eu trente mille enfants chauves à assister dans le dernier exercice...

LE RÉVÉREND GRAS-DOUBLARD.

Difficile d'admettre ?... Oh ! c'est trop fort !... mais, chère sœur, songez à la gravité de vos paroles... Savez-vous qu'elles seraient de nature à jeter des doutes sérieux sur votre Ligue contre l'ivrognerie du premier âge ?

SŒUR CASCADELLINA (*avec force*).

Par exemple !... Apprenez, père Gras-Doublard, que notre œuvre est au-dessus du soupçon. Tout le monde sait le bien qu'elle accomplit... Et il faut être aussi aveuglé que vous l'êtes sur le premier péché capital pour ignorer les ravages que fait l'ivrognerie parmi les enfants à la mamelle !

FRÈRE INCONTINENTINI.

Chère sœur, vous avez bien raison !... Il faut être aveugle pour ne pas voir le bien que vous faites !... Calmez-vous, je vous en prie... (*Saisissant habilement cette occasion de prendre la main de sœur Cascadellina.*) Ne me donnez pas la douleur de voir une si sainte personne... une sœur si chère... en proie aux mouvements de l'indignation... Chère sœur, ouvrez plutôt votre âme à des sentiments tendres, à cet amour ineffable que notre divin Sauveur recommande comme la loi suprême... Nous devons nous aimer les uns les autres, chère sœur, et c'est une obligation bien douce que la bonté divine nous impose là... Pour ma part, je ne puis assez vous dire combien mon cœur est inondé de tendresse pour votre sainte maison, pour vous, surtout, qui la représentez si dignement...

(Il se retire à l'écart avec sœur Cascadellina et continue de causer avec elle à voix basse).

LE RÉV. GRAS-DOUBLARD (*au P. Papelardino*).

Celte chère sœur est d'une intempérance de langue...

LE P. MOUCHARDOSKI (*insinuant*).

... Bien fâcheuse, en vérité, pour les intérêts de notre sainte religion... Il est vraiment fort heureux qu'il n'y ait ici que des personnes sûres et...

UN CHAMBELLAN (*annonçant*).

La Sultane ! messieurs.

SCÈNE II.

LES PRÉCÉDENTS, *la* SULTANE.

LA SULTANE.

Chers pères, mon révérend, cher frère, ma chère sœur, je suis heureuse de vous voir... Vous savez quel est mon attachement pour vous... mais une affaire grave et imprévue m'oblige à vous faire attendre quelques minutes encore... Si vous voulez vous promener dans le jardin... Soyez sûrs, au moins, qu'il faut une affaire d'Etat pour me décider à abuser encore de vos précieux instants...

TOUS.

Madame !... que de bontés !... Nous attendrions jusqu'au jugement dernier !...

(*Exeunt, à plat ventre*).

SCÈNE III.

LA SULTANE (*seule*).

(*Elle sonne. Paraît un chambellan*).

Faites entrer le général...
Cette dépêche pressante... ce ton alarmé...
Que peut-il avoir à m'annoncer ?

LE CHAMBELLAN.

Son Excellence le général Fleur-de-Kabylie !

SCÈNE IV.

LA SULTANE, *le général* FLEUR-DE-KABYLIE.

LA SULTANE.

Eh bien ! général, qu'y a-t-il ?

LE GÉNÉRAL.

Il y a qu'il faut prendre un parti, et sur-le-champ. Il devient impossible de cacher plus longtemps la réalité. Six personnes sont dans le secret : il est inouï qu'il ne soit pas encore ébruité... Plomb-Plomb-Pudding le soupçonne, la Bourse l'escompte, les journaux commencent à le présenter comme une hypothèse possible... Il faut en finir.

LA SULTANE.

Alors, vous pensez que ce serait le moment d'essayer une promenade en voiture avec l'homme en question ?... Vous allez dire que je suis enfant ; mais quand je vois cette contrefaçon du Sultan, il me semble que je suis en présence d'un spectre... Cette ressemblance est si étonnante, cette imitation si merveilleuse... C'est à tirer dessus, comme disent ces messieurs les enragés.

LE GÉNÉRAL.

Ah ! vous en tenez toujours pour votre mannequin ?... Je dois vous le dire franchement, ce moyen de comédie ne me paraît pas fort... En somme, cette imitation si parfaite n'est parfaite qu'à distance... Il suffit d'un mouve-

ment maladroit, d'une distraction d'un
instant pour faire éventer la mèche... Et alors,
songez-y, c'est la déconfiture, l'effondrement,
tout ce que vous voudrez.

LA SULTANE.

Mais que faire ?

LE GÉNÉRAL.

Je vous l'ai dit... Prendre des mesures et
faire la déclaration.

LA SULTANE.

C'est ça... Et puis alors, baisse sur toute la
ligne, débandade générale, ruine, solitude, —
je vois ça d'ici... Ah ! il est joli, votre moyen !

LE GÉNÉRAL.

Mais enfin, il faudra bien toujours y venir !

LA SULTANE.

Oui ; mais pas avant ma fin de mois !

LE GÉNÉRAL.

Votre fin de mois ! Voilà une belle raison !...
Mais, pour Dieu, commençons par nous bien
mettre en selle, et puis nous n'aurons pas
besoin d'attendre les fins de mois...

LA SULTANE.

En somme, que proposez-vous ?

LE GÉNÉRAL.

C'est simple... Vous me signez ce bout de papier, — une proclamation d'état de siége... Je l'envoie cette nuit à la *Gazette officielle*, en même temps que la déclaration de décès, la liste du Conseil de Régence et de la Commission consultative... Je consigne les troupes... Dès cette nuit, avant de rien laisser transpirer, je fais procéder à l'arrestation de trois mille enragés...

LA SULTANE.

Croyez-vous que ce sera assez ?

LE GÉNÉRAL.

Ah ! dame ! il vaudrait mieux en arrêter cent mille, mais nous ne saurions où les loger...

LA SULTANE.

On pourrait les diriger, à mesure, sur les bagnes.

LE GÉNÉRAL.

Ce n'est pas aussi facile à organiser qu'il vous paraît. Trois mille enragés à arrêter dans une nuit, c'est déjà un joli coup de filet... Du reste, cela suffira... En plein jour, ce serait impossible... Mais, en opérant de nuit, et à l'improviste, j'en réponds.

LA SULTANE.

S'il est si difficile de les déporter rapidement, on pourrait s'en débarrasser d'une façon plus expéditive... (*Elle fait un geste significatif.*)

LE GÉNÉRAL.

Non, c'est trop bruyant.

LA SULTANE.

Ou bien, en les parquant dans des caves et en allumant, aux ouvertures, de la paille mouillée.

LE GÉNÉRAL.

Le système algérien?... Ici cela ferait peut-être un mauvais effet... La déportation vaut mieux, croyez-moi. On n'en revient pas, et cela ne fait pas de bruit : c'est une guillotine silencieuse... la véritable silencieuse américaine.

LA SULTANE.

Vous avez réponse à tout... Mais la province?

LE GÉNÉRAL.

Un coup de télégraphe, et cette nuit même on arrêtera quinze habitants pour cent dans toute ville au-dessus de 4,000 âmes.

LA SULTANE.

Et vous croyez décidément qu'il faut se hâter ?

LE GÉNÉRAL.

Je crois qu'il faut se hâter... ou sauter.

LA SULTANE.

Eh bien !... faites préparer les décrets !

LE GÉNÉRAL.

Je les ai tout prêts... Les voici.

LA SULTANE.

Pour cette nuit ?

LE GÉNÉRAL.

Pour cette nuit.

LA SULTANE.

Vous êtes un homme terrible... Allons, donnez-moi ça...

(*Elle signe*).

LE GÉNÉRAL.

Il serait bon, pour détourner les soupçons, d'annoncer aujourd'hui un mieux sensible et de le célébrer par une fête, un dîner, un feu d'artifice.

LA SULTANE.

Oui, vous avez raison... Mieux que ça ! une idée !... Vous vous rappelez le dernier bal masqué, que j'ai été obligée de contremander au dernier moment... Ce fut même très-désagréable, j'avais un costume ravissant... Eh bien, je vais l'annoncer pour ce soir... (*Riant*). Ce sera très-drôle : pendant qu'on arrêtera ces messieurs, nous autres... ah ! ah !

LE GÉNÉRAL.

Parfait. Pour moi, je vais tout disposer.

LA SULTANE.

N'oubliez pas au moins le champagne, et l'eau-de-vie pour les troupes.

LE GÉNÉRAL.

Soyez sans inquiétude. J'ai pensé même aux cigares.

LA SULTANE.

Eh bien ! donc, adieu, homme étonnant, et bonne chance !... Je vais commander deux cents messes pour cette nuit, afin d'appeler sur nous les bénédictions de Notre-Seigneur. (*Elle se signe*).

ACTE III.

Un boudoir.

SCÈNE PREMIÈRE.

LA SULTANE, Mme DE COQ-HODET.

LA SULTANE.

Eh bien ! chère poulette, qu'est-ce qu'il y a?
Vous avez l'air triste?

MADAME DE COQ-HODET.

Il y a bien de quoi !... Je comptais venir ce
soir en «Vénus sortant de l'onde,» et voilà
que mon maillot, — un amour de maillot
rose, — a craqué ce matin quand j'ai voulu
l'essayer.

LA SULTANE.

C'est un malheur. Mais ne pourrait-on
pas en avoir un autre?

MADAME DE COQ-HODET.

Impossible !... En tous cas, il n'ira jamais
aussi bien ! Ah ! c'est affreux !

LA SULTANE.

Allons, ne pleurez-pas, bijou... Vous savez que je ne puis pas voir ça... Voulez-vous bien faire une risette... Mais c'est absurde... Voyons, dites-moi tout de suite ce qui vous ferait plaisir... Il n'y a rien que je ne sois prête à faire.

MADAME DE COQ-HODET

Hi ! hi !.. hi !.. hi !..

LA SULTANE.

C'est un vrai torrent !.. Allons, chérie, que désirez-vous ?

MADAME DE COQ-HODET.

Hi !.. hi !... Si seulement Gaston était colonel !... Mais on lui fait des passe-droits constamment !

LA SULTANE.

Des passe-droits !... Mais il n'a pas trente ans et il est déjà lieutenant-colonel...

MADAME DE COQ-HODET.

Hi !.. hi !... J'en mourrai de honte, certainement... Un maillot d'occasion, qui fera des plis... J'aurai l'air d'une bossue.

LA SULTANE.

Quelle enfant ! Enfin, s'il était colonel,
cela vous consolerait ?

MADAME DE COQ-HODET.

Hi !.. hi !... Je ne sais pas.

LA SULTANE.

Allons ! ce sera signé ce soir.. précisément,
il y a une occasion... On pourra mettre *ser-*
vices exceptionnels... Mais que je ne voie plus
de larmes !

MADAME DE COQ-HODET.

Oh ! madame, vous êtes si bonne !...

UN CHAMBELLAN (*annonçant*).

Madame la princesse d'Affiche-tes-Niches !

SCÈNE II.

LES PRÉCÉDENTES, *la princesse* d'AFFICHE-
TES-NICHES.

LA PRINCESSE D'AFFICHE-TES-NICHES.

Boum !... Me voilà, moi.

LA SULTANE.

Vous paraissez bien gaie.

LA PRINCESSE.

Gaie? non pas. J'ai envie de l'être, voilà tout. C'est précisément parce que je m'ennuie à crever que je cherche à me persuader que je m'amuse.

LA SULTANE.

C'est très-gentil... Vous vous amuserez ce soir, en tous cas.

LA PRINCESSE

Peuh !.. un bal costumé... Sera-t-il si drôle que ça?.. Est-ce que vous aurez Clodoche?

LA SULTANE.

Qui ça, Clodoche... Un attaché d'ambassade?

LA PRINCESSE.

On vous en fera des attachés qui dansent comme lui.

LA SULTANE.

C'est donc un maître de danse?

LA PRINCESSE.

Dites que c'est le roi de la danse !.. D'abord, moi, j'ai une ambition : danser un quadrille avec Clodoche... et puis mourir.

LA SULTANE.

Faites-le venir un matin.

LA PRINCESSE.

Ah! mais non... La belle affaire! Un matin!... C'est un soir, c'est ici, que je voudrais danser avec lui.

LA SULTANE.

Croyez-vous que ce soit faisable? Cela semblerait peut-être singulier?...

LA PRINCESSE.

Avec ça qu'il vient du joli monde, ici!..

LA SULTANE (*très-digne*).

Princesse, vous vous oubliez.

LA PRINCESSE.

Ah! bien!... ce n'est rien ennuyeux ce pays-ci! C'est moi qui vais me la casser!

LA SULTANE.

Vous dites?

LA PRINCESSE.

Que je vais ficher mon camp un de ces jours... D'abord j'en ai assez moi, de tous ces raseurs... Ça devient assommant votre endroit!

LA SULTANE.

Comment, assommant ?... Qu'est-ce qu'il vous faut donc ?... Nous avons la réouverture du Casino, le sextuple assassinat de Polichinelle, l'autopsie des cadavres, demain les assises... Vrai, ma chère, vous êtes dégoûtée, si cela ne vous suffit pas.

LA PRINCESSE.

Une idée !.. Si ce soir on invitait le monsieur qui a fait le coup !... C'est-ça qui ferait un effet !

LA SULTANE.

Vous êtes folle, ma petite... Le fait est que ce serait assez drôle.

LA PRINCESSE.

Ce serait délicieux... mille louis, que cette pecque de Souillonnette en mourrait de peur !

UN CHAMBELLAN.

Son Altesse Sérénissime Monseigneur le prince Plomb-Plomb-Pudding demande s'il pourrait avoir l'honneur d'entretenir Sa Hautesse.

LA SULTANE,

Qu'est-ce qu'il veut encore, ce gêneur?...
Faites entrer.

(*Exit le chambellan.*)

... Au fait, je ne sais pas pourquoi je le reçois... Voilà huit-jours qu'il nous la fait, tous
les jours... Je commence à la trouver détes-
table...

LE CHAMBELLAN (*annonçant*).

Son Altesse Sérénissime Monseigneur le
prince Plomb-Plomb-Pudding!

SCÈNE III.

LES PRÉCÉDENTES, *le prince* PLOMB-PLOMB-
PUDDING.

LE PRINCE.

Madame, je suis peut-être indiscret, mais
j'ai tant à cœur d'avoir par moi-même des
nouvelles de notre Auguste Malade...

LA SULTANE.

Cher cousin... quel cœur dévoué!... Il va
mieux, aujourd'hui. Il a mangé deux ailes de

dinde, un plat de lentilles... je ne sais quoi encore. Vous verrez ça dans la *Gazette*.

LE PRINCE.

En ce cas, madame, puis-je espérer avoir aujourd'hui l'honneur de lui présenter mes compliments ?

LA SULTANE.

Impossible. Les médecins l'ont formellement défendu... Repos, sommeil, silence : c'est toujours la consigne.

LE PRINCE.

C'est désolant... Je ne dis pas seulement pour moi... mais c'est qu'il devient sérieusement indispensable que quelqu'un voie Sa Hautesse. On commence à semer des bruits...

LA SULTANE.

Des bruits que vous combattez, j'en suis sûre, mon cousin, comme il convient à votre naissance et à votre caractère ?

LE PRINCE.

Que je combats, certainement, de tout mon pouvoir... Mais avec combien plus d'autorité, si de mes yeux je pouvais m'assurer...

LA SULTANE.

Y a-t-il indiscrétion à vous demander quel costume vous comptez mettre ce soir ?

LE PRINCE.

Oh ! vous le savez, Madame, je suis un philosophe, et peu fait pour ces fêtes...

LA SULTANE.

Mais enfin, vous viendrez ?

LE PRINCE.

Certainement, si vous me le demandez...

LA SULTANE.

Alors, quel travestissement ?

LE PRINCE.

Heuh !... J'ai tout prêt un costume de Foudre de guerre...

LA SULTANE.

Parfait ! Personne ne vous reconnaîtra.

LA PRINCESSE D'AFFICHE-TES-NICHES (*tirant de sa poche un étui à cigares.*)

Prince, la fumée ne vous incommode pas ?

LE PRINCE.

Mon Dieu ! non, madame, excepté en voiture... Je vous en prie, ne vous gênez pas...

LA PRINCESSE.

Puisque vous voilà, il faut que je vous demande une chose qui m'occupe depuis longtemps ?

LE PRINCE.

Je suis à vos ordres, madame.

LA PRINCESSE.

Eh bien ! franchement, nous sommes entre garçons, ici ; dites-moi ça. Quand vous voyagez, est-ce vrai que vous emmenez avec vous mademoiselle Cupidon ?

LE PRINCE (*très-flatté*).

Comment pouvez-vous croire les bêtises qu'on raconte?

UN CHAMBELLAN (*annonçant*).

Madame la princesse Nana.

SCÈNE IV.

LES PRÉCÉDENTS, LA PRINCESSE NANA.

LA PRINCESSE NANA (*entrant avec impétuosité*).

Madame, il faut absolument que je voie

le Sultan !... C'est nécessaire... indispensable...

LA SULTANE (*à part*).

Oui, compte là-dessus !... Ils sont passés les jours de fête !.. Lui en as-tu assez soutiré de cet argent !... (*Haut.*) Vous me voyez désolée, chère cousine, mais c'est absolument impossible... Le Sultan dort en ce moment, et d'ailleurs un silence rigoureux lui est prescrit...

LA PRINCESSE NANA.

Mais enfin, quand sera-t-il possible de le voir ? Voilà huit jours qu'il n'y a pas moyen !.. C'est à n'y plus tenir !...

LA SULTANE (*à part.*)

Ça te gêne, pour nourrir ton jeu !...

SCÈNE V.

LES PRÉCÉDENTS, *le surintendant* VIEUX-JAUNE-KER-KE.

LE SURINTENDANT.

Madame, je mets à vos pieds mes plus respectueux hommages... Princesses, madame,

monseigneur, votre très-humble vassal... (*A
la Sultane :*) Je viens prendre vos ordres,
madame, pour la répétition générale du
ballet.

LA SULTANE.

Tout est prêt ?

LE SURINTENDANT.

Oui, madame.,. S'il vous convient d'indi-
quer une heure, on répétera devant Votre
Hautesse.

LA PRINCESSE D'AFFICHE-TES-NICHES
(*d'un air détaché.*)

Qu'est-ce que ce ballet ?

LE SURINTENDANT.

Oh ! presque rien... une bluette... Un petit
divertissement sur ce thème : « Qu'il est doux
d'être aimé, qu'il est bon d'être belle dans
l'Empire de Décembrostein... » Sur des mo-
tifs tendres et gracieux, de bons villageois,
de robustes ouvriers, de nobles corps d'état
viendront danser devant Sa Hautesse, et
déposer à ses pieds des bouquets et des guir-
landes...

LA PRINCESSE D'AFFICHE-TES-NICHES.

Et le titre ?

LE SURINTENDANT.

L'*Empire libéral*.

LA SULTANE.

Eh bien ! dites qu'on soit prêt pour trois heures. Je vais passer chez moi avec ces dames : il y a au moins trente minutes que ce pauvre Digneman m'attend, avec deux ou trois robes à essayer... Cousin, vous nous restez, n'est-ce pas ? Cher comte, à tout à l'heure !

SCÈNE VI.

Le prince PLOMB-PLOMB-PUDDING, *le surintendant* VIEUX-JAUNE-KER-KE.

LE SURINTENDANT.

Monseigneur, vous m'excuserez... il faut que j'aille présider à toute cette organisation.

LE PRINCE.

Allez, allez !...

SCÈNE VII.

Le prince PLOMB-PLOMB-PUDDING *(seul)*.

Tout cela est bel et bon... Mais en atten-
dant, je ne sais rien du tout... Il est impossible de rester dans cette incertitude... Comment savoir !... Demandons conseil à ce cher
Théramène. (*Il sonne. Paraît un chambellan*).
Faites-moi venir Théramène, qui m'attend
dans l'antichambre. (*Exit le chambellan*).
S'ils se figurent que je coupe dans leur
pont, ils se trompent grossièrement...

SCÈNE VIII.

LE PRÉCÉDENT, THÉRAMÈNE.

Théramène, tu es mon bon ami, mon ex-
cellent conseiller, le serpent avisé qui veille
sur ma fortune... Je t'aime : tu vois que je
te tutoie... Je veux même que tu me tutoies,
de ton côté, à partir de ce jour... Tu es bon, tu
es fort, tu es grand, tu as l'imagination d'un
poëte et la décision d'un agent de change ;

nous sommes égaux. D'ailleurs tous les hommes ne le sont-ils pas?... Puisque je permets à l'amour, dans les doux épanchements de l'intimité, ces familiarités suprêmes, je puis bien les permettre aussi à l'amitié...

THÉRAMÈNE.

Monseigneur, je ne sais si je dois consentir...

LE PRINCE.

Non, plus de ces vains titres... Si tu savais combien les grandeurs me sont à charge... Appelle-moi Joseph, je t'en prie, tu me feras plaisir.

THÉRAMÈNE (se décidant).

Puisque cela te convient, cher Joseph...

LE PRINCE (à part).

La peste du maroufle! Il pourrait bien faire plus de façons! Je serai obligé de le déporter, si nous arrivons à nos fins... Bah! (Haut) Mon cher ami, tu vois l'air du bureau... que t'en semble? Ne trouves-tu pas qu'il y a ici du louche, et que tout cela n'est pas naturel?

THÉRAMÈNE.

O Joseph, tu es plein de perspicacité... Il

est clair qu'on veut nous mettre dedans, et que quelque chose de grave se prépare.

LE PRINCE.

Mais quoi ?.... voilà la question. *To be or not to be*. D'un côté ma dotation, de l'autre tes flots azurés, ô mer des Antilles !... Malédiction ! enfer ! damnation !

THÉRAMÈNE (*sombre*).

Peut-être tout simplement quatre balles dans la tête.

LE PRINCE (*tout pâle*).

Tu crois qu'ils seraient capables ?...

THÉRAMÈNE.

De tout.

LE PRINCE.

Ah ! mais non !... Ce ne serait pas de jeu ! Pas de ça ! Ah ! mais non !

THÉRAMÈNE.

Le plus sage est de s'attendre à tout... Moi, vois-tu Joseph, je suis fataliste.

LE PRINCE.

Fataliste tant que tu voudras... Mais il y a toujours un bon moyen de ne pas rencontrer une balle, c'est de ne pas prendre le chemin où elle passe.

THÉRAMÈNE.

Est-ce que tu reculerais, monseigneur ?

LE PRINCE.

Reculer ?... pas précisément. Mais je n'ai pas la moindre envie d'avancer.

THÉRAMÈNE (*pensif*).

Peut-être est-ce le parti le plus habile, en même temps que le plus prudent... Il y aurait une chose à essayer, en tous cas : ce serait de faire courir le bruit de la mort du sultan, et de voir ce qui arriverait.. Ce serait toujours une manière de répétition de la grande pièce... ce qui se produirait alors tracerait notre conduite...

LE PRINCE.

Théramène, dans mes bras !... Tu as trouvé la solution. Oui, c'est bien cela qu'il faut faire... Eh bien ! ne perdons pas de temps...

Moi je vais toujours partir pour la campagne...
Toi, lance ton canard dès ce soir, nous verrons bien... Après tout d'ailleurs, c'est peut-
être vrai. En tous cas, ça fera toujours une
baisse d'un franc ou deux, autant d'empo-
ché... Je vais de ce pas rue du Coupe-Gorge,
donner ordre de vendre, puis je file... Soigne-
moi ça... Le grand jeu, pas vrai ?

THÉRAMÈNE.

C'est convenu...

ACTE IV.

La petite salle de spectacle du palais. Le rideau n'est pas encore levé.

SCÈNE PREMIÈRE.

LA SULTANE, L'HÉRITIER PRÉSOMPTIF, *poupée perfectionnée, ce qu'on a fait de mieux en ce genre, disant papa et maman, et saluant le peuple. Plusieurs dames du cercle intime. Le surintendant* VIEUX-JAUNE-KER-KE. *Le grand-maître des cérémonies.*

LE GRAND-MAITRE DES CÉRÉMONIES.

Madame, quand cela fera plaisir à Votre Hautesse?

LA SULTANE.

Dites qu'on commence... (*A l'héritier présomptif :*) Eh bien ! monsieur, voulez-vous bien ne pas fourrer ainsi vos doigts dans votre nez?

L'HÉRITIER PRÉSOMPTIF.

Tiens! c'est canulant aussi, d'être toujours là, collé sur sa chaise.

LA SULTANE.

En vérité, monsieur, je ne sais pas où vous allez chercher vos expressions... Vous parlez comme un enfant de la rue.
(*Le grand-maître des cérémonies, avec sa canne, frappe les trois coups.*)

LA PRINCESSE D'AFFICHE-TES-NICHES (*à demi-voix à Mme de Coq-Hodet.*)

Attention à la tête de Vieux-Jaune-Ker-Ke. Si vous n'avez jamais vu un homme épaté, vous allez le voir...
(*Le rideau se lève.*)

SCÈNE II.

Le théâtre représente un boulevard de 100 mètres de large, avec des arbres en zinc; sur les côtés, des maisons à quinze entresols superposés, de 60,000 fr. de loyer; des boutiques de bijouterie fausse, de faux cheveux, de fausses gorges, de fausses fesses, de faux mollets, de fausses dents. Dans le fond une caserne.
Autour de la scène sont groupés des chœurs formés

d'un Sénat mécanique, avec sifflets d'alarme et soupapes de sûreté, richement monté en or, assis sur des fauteuils à oreilles ; et d'un Conseil d'Etat également mécanique et non moins monté en or, assis sur le ventre d'un Corps législatif en carton, muet et pauvrement monté en ruolz.

L'orchestre joue une ouverture guillerette.

Cinq danseuses maigres, habillées de vert, sortent des coulisses et viennent en sautillant se ranger sur la scène.

Ce sont : la *Fusillade*, la *Transportation*, la *Loi de Sûreté générale*, l'*Article* 75 et la *Commission mixte*.

LE SURINTENDANT (*pétrifié d'étonnement*).

Qu'est-ce que c'est que ces monstres là?... Ce sont les « villageoises » qui doivent entrer les premières !...

LA PRINCESSE D'AFFICHE-TES-NICHES (*à demi-voix*).

Là !... je vous avais prévenue...

L'orchestre couvre la voix du surinten-dant ; pendant que les cinq danseuses exécu-tent leurs pas, le chœur chante :

Il fallait ça !
Il fallait ça !
Car sans ça
Point de monacos !

Car sans ça
Point de monacos!
Il fallait ça!
Il fallait ça!

SOLO.

On dira peut-être
Que c'était fâcheux;
On dira peut-être
Que ce fut odieux.

Parlé. — Oui, mais...

LE CHOEUR (*rinforzando*).

Mais sans ça
Point de monacos!
Il fallait ça!
Il fallait ça!

LA SULTANE.

Mais enfin, cher comte, qu'avez vous donc
à vous trémousser ainsi dans votre fauteuil?

LE SURINTENDANT VIEUX-JAUNE-KER-KE.

Madame, c'est à n'y rien comprendre!..

Ce n'est pas du tout le ballet... Quel peut-être l'insolent?... Il faut arrêter ça...

LA SULTANE.

Mais non! mais non! Laissez donc... nous verrons bien...

LE SURINTENDANT.

C'est égal, j'en aurai le cœur net... (*Il disparaît dans le boyau des coulisses.*)

L'HÉRITIER PRÉSOMPTIF.

Maman, pourquoi ces femmes ne sont-elles pas en vélocipède?

SCÈNE III.

Les cinq danseuses vertes se rangent sur le côté de la scène.

Paraît une danseuse de grande taille, qui danse en jonglant avec des sabres, des révolvers et des mitrailleuses.

LE CHOEUR.

C'est la bouchère :
Voilà LA GUERRE .

Qui vient ici ;
Elle est fort chère,
Fort sanguinaire ;
J'en suis marri.

Mais quelle veine
Et quelle aubaine
Pour les badauds,
Quand dans la plaine
Elle promène
Ses oripeaux !

Quelle liesse,
Quelle allégresse
Dans tous les cœurs !
O douce ivresse,
Je te caresse
C'est le bonheur.

Voir un sapeur
Est un sourire :
Voir cents sapeurs
Est un délire...

Quelle liesse, etc.
. . . .

SCÈNE IV.

LES PRÉCÉDENTS, *un* SQUELETTE.

LE SQUELETTE (*dansant et chantant*).

Je suis la GRÈVE
Des travailleurs ;
C'est moi qui crève
Dans les douleurs
Le prolétaire
Dévergondé,
De son salaire
Dépossédé.

SCÈNE V.

LES PRÉCÉDENTS, DEUXIÈME SQUELETTE.

LE DEUXIÈME SQUELETTE (*dansant et chantant*).

Je l'accompagne
Je suis la FAIM !
Cette cocagne,
Très-riche en pain,

Et même en sauce,
Me connaît peu :
Assez de noce !
Par la morbleu !

LE CHŒUR.

Elle l'accompagne
Elle est la Faim.
Cette cocagne,
Très-riche en pain
Et même en sauce,
La connaît peu :
Assez de noce !
Par la morbleu !

LA PRINCESSE NANA.

Dites donc, cousine, ce n'est pas d'une gaieté folle, votre petite fête... Moi d'abord, j'en ai assez... Je me la brise... (*Exit.*)

LA SULTANE, *à la princesse d'Affiche-tes-Niches, qui rit de tout son cœur.*

Qu'est-ce que tout cela signifie ?

LA PRINCESSE.

Mystère ! Mystère !

SCÈNE VI.

LE CHŒUR.

Tzing la la ! Tzing la la !
Oya Kephale, oh la la !
Tzing la la ! Tzing la la !
Oya Kephale, oh la la !

Voici les rois de la Caisse,
Il faut que le chœur s'empresse
De les nommer par leur nom !

(*Entrent deux danseurs très-obèses*).

Ces rois remplis de vaillance
— Plis de vaillance (*bis.*)
C'est les deux BUDGETS ! (*bis.*)

Étalant avec jactance
Leur double thorax (*bis.*)
Parmi le fracas immense
Des cuivres Sax (*bis.*)

(*Entre une danseuse très-grasse. Elle
chante en dansant :*)

Je suis la LISTE CIVILE
　　Liste civile (*bis*),
　　La grosse dondon.
Je combats un contre mille,
　　Un contre mille (*bis*),
　　Grâce à mon bedon.

J'aurais l'esprit bien tranquille,
　　N'était mon talon :
　　Je suis la LISTE CIVILE,
　　La grosse dondon.

(*Entre un danseur non moins gras. Il chante en dansant :*)

Je suis cousin de la Liste
　　Sin de la Liste (*bis*)
　　Le gaillard CUMUL.
Je crains bien que les clubistes,
　　Je le dis tout bas,
Un jour m'envoient avec la Liste...
　　N'anticipons pas !

(*Entre un danseur barbu.*)

LE CHOEUR.

Ce gros barbu qui s'avance,
　　Bu qui s'avance,

C'est le PREMIER EMPRUNT !
Et ce nom seul me dispense,
Seul me dispense,
D'en dire plus long !

(*Entrent successivement* le SECOND EMPRUNT,
le TROISIÈME EMPRUNT, *le* QUATRIÈME EM-
PRUNT *et le* CINQUIÈME EMPRUNT.)

LE CHOEUR.

Ce gros papa qui s'avance
    Pa qui s'avance (*bis*).

C'est le { second / troisième / quatrième / cinquième } EMPRUNT.

Et ce nom seul me dispense
    D'en dire plus long !

(*Entre une danseuse décharnée, ouvrant un
large bec. — Elle danse en chantant et
tape sur le ventre du* BUDGET INDIRECT, *en
passant devant lui.*)

Je suis la fée
    Qui vient tous les ans,

Fidèle abonnée
Du gouvernement,
Solder le total
Du budget chéri,
Quand le capital
Fait le renchéri.

(*Graçioso* :)

Le Déficit, m'amour,
Qui bâille largement
Tandis que la cour
Se donne de l'agrément !
Et traderidera, traderidera
Qui vivra rira (*bis*).

Reprise : Je suis la fée, etc.

SCÈNE VII.

LA TRANSPORTATION, LA LOI DE SURETÉ GÉNÉRALE, L'ARTICLE 75, LA COMMISSION MIXTE, LA GUERRE, LA GRÈVE, LA FAIM, LA LISTE CIVILE, LE CUMUL, LES CINQ EMPRUNTS *et* LA FÉE DU DÉFICIT *se prennent par la main et se trémoussent en ronde autour des deux budgets.*

LE CHŒUR.

Voici les rois de la Caisse,
Il faut que le chœur s'empresse
De les nommer par leur nom !

FINALE.

Gloire aux BUDGETS victorieux :
Ils sont vraiment ingénieux !
Gloire à eux !
Gloire à eux !

(*Le rideau tombe.*)

SCÈNE VIII.

LA SULTANE.

Il s'agit maintenant de régler le compte de l'insolent auteur...

LA PRINCESSE D'AFFICHE-TES-NICHES.

Vous m'en voulez tant que ça ?

LA SULTANE.

Comment? ce serait vous...

LA PRINCESSE.

Histoire de passer le temps... J'en avais assez des cantates...

L'HÉRITIER PRÉSOMPTIF.

Maman, pourquoi ces femmes n'avaient-elles pas de vélocipèdes?

ACTE V.

Une fête de nuit dans le palais.—Salons en enfilade splendidement illuminés. Flambeaux, musique, danses, éclats de rire. Des masques passent, causent, se poursuivent et dansent. Dans le fond, la foule assiége les buffets. Des valets circulent portant des plats d'or chargés de victuailles : presque tous ont leurs poches remplies de bouteilles, pour leur usage personnel. Une aimable liberté régne partout. — La fête tire à sa fin. L'aube blanchit les fenêtres.

SCÈNE PREMIÈRE.

UNE SŒUR DE CHARITÉ, UN FUSIL CHASSEPOT, AUTRES MASQUES.

LE FUSIL CHASSEPOT.

Charmante sœur, tu auras beau te cacher sous ta grande cornette, les pauvres que tu as soulagés de tes royales mains sauront bien te reconnaître.

LA SOEUR DE CHARITÉ.

Je ne suis pas plus déguisée que ça ?

LE FUSIL CHASSEPOT.

Ah ! madame, comment pouviez-vous croire
que nos cœurs ne sauraient pas vous deviner
sous ce costume?... N'est-ce pas celui qui
sied le mieux à l'ange de la charité ?

LA SŒUR DE CHARITÉ.

Eh bien ! ne le dites à personne... Je veux
en faire l'essai !...

LE FUSIL CHASSEPOT (*à part.*)

Ah bien ! il n'y a pas de danger qu'on te
reconnaisse, va, et si le brave Digneman
ne m'avait pas révélé le secret de ton travestissement, ce n'est pas sous cet habit que
j'aurais été te chercher...

SCÈNE II.

UN MINISTRE (*en Sénatus-Consulte.*)

Raccommodeur de casseroles ! couteaux !
fourchettes ! plats ! faïences ! porcelai-ai-ai-
nes !...

UNE VESSIE PRISE POUR UNE LANTERNE.

Eh brave homme! j'aurais besoin d'un léger raccommodage...

UN MASQUE (*en Canal... de Suez*).

Eh bien! et moi donc?

UNE BAISSE DE LA RENTE (*très-décolletée*).

Laissez donc... C'est un vieux ravaudeur; il n'y entend rien du tout.

LE CANAL DE SUEZ

Madame s'y entend mieux?

LA BAISSE DE LA RENTE.

De plus fins connaisseurs que toi me l'ont dit...

LE CANAL DE SUEZ.

En pareil cas j'ai l'habitude de ne croire qu'à mon propre témoignage.

LA BAISSE DE LA RENTE.

Il ne tient qu'à toi d'en essayer.

LE CANAL DE SUEZ.

Est-ce bien cher?

LA BAISSE DE LA RENTE.

Moins que ça ne vaut.

LE CANAL... DE SUEZ.

On pourrait voir tout de même... (*Il lui prend la taille. Ils s'éloignent vers le fond de la scène.*)

UN MASQUE (*en Hémorrhoïdes, très-gris*).

Tout ça, c'est des bêtises !... Pas seulement un petit bac ! Je vas piquer un chien... (*Il s'allonge sur un sopha et s'endort.*) (*Brouhaha*).

VOIX DIVERSES.

Le quadrille de Clodoche ! Le quadrille de Clodoche ! (*La foule se porte vers le fond de la scène.*)

SCÈNE III.

LA SULTANE, *en sœur de charité, son masque à la main.* — *Le général* FLEUR-DE-KABILIE, *en manteau vénitien.*

LE GÉNÉRAL.

Madame, la partie s'engage mal... Il est

impossible qu'il n'y ait pas eu une grave indiscrétion... On dit partout ce soir que le sultan est mort... Je reçois des rapports déplorables, nulle part mes agents ne trouvent les individus qu'ils sont chargés d'arrêter à domicile...

LA SULTANE.

Eh bien ! on se passera d'eux !... Nous avons des canons, au bout du compte !

LE GÉNÉRAL

Je crois qu'il faut agir immédiatement... Je vais faire prendre position aux troupes...

LA SULTANE.

Allez... Et ne me laissez pas sans nouvelles !... Tous les quarts d'heure, un mot !

LE GÉNÉRAL.

C'est convenu.

(*Exit.*)

SCÈNE IV.

Deux masques, enveloppés de manteaux couleur de muraille, traversent lentement le fond de la scène. La sultane s'éloigne.

Les deux manteaux couleur de muraille s'entr'ouvrent et laissent apercevoir la propre personne du prince Plomb-Plomb-Pudding et de Théramène.

THÉRAMÈNE.

Eh bien ! ça marche... ça marche...

LE PRINCE.

Penses-tu qu'il y aura des coups de fusil !

THÉRAMÈNE.

Peut-être bien.

LE PRINCE.

Décidément, je crois que j'aurais mieux fait de partir pour la campagne comme c'était ma première idée.

(*Brouhaha.*)

CLAMEURS.

Hurrah ! pour Clodoche ! hurrah !

(*On porte un danseur et une danseuse en triomphe. La fête continue. — De temps en temps on voit un aide de camp traverser la scène. — Tout à coup on entend un bruit lointain, le bruit du canon.*)

LE DORMEUR EN HÉMORRHOÏDES (*se réveillant*).

Tiens, c'est gentil ça !... c'est un feu d'artifice sans doute ?...

(Tout le monde écoute. — On entend d'autres détonations. — Puis un murmure lointain qui devient bientôt une immense clameur. — Un chant domine vaguement le bruit.)
(En sourdine :)

Contre nous de la tyrannie
L'étendard sanglant est levé !
L'étendard sanglant est levé !

(L'orchestre s'est arrêté. Les danses ont cessé. Tous les masques attendent anxieusement. — Arrive un aide de camp.)

LA SULTANE (*à voix basse*).

Eh bien ?

L'AIDE DE CAMP (*de même*).

Le général dit qu'il résistera jusqu'à la dernière extrémité.

LA SULTANE.

C'est donc sérieux ?

L'AIDE DE CAMP.

Très-sérieux.

(*Le chant se rapproche.*)

Nous entrerons dans la carrière,
Quand nos aînés n'y seront plus !

. . . .

UN CREVÉ, *en Hercule.*

Ça, d'abord, c'est pas de jeu !... N'en faut
pas !... C'est pas de l'Offenbach !... Mauvais !
mauvais !

(*Le chant arrive sous les fenêtres mêmes du
palais. — Immense clameur. — Tumulte
confus.*)

DEUXIÈME AIDE DE CAMP (*accourant*).

Madame, tout est perdu ! les troupes fra-
ternisent avec le peuple !...

*Fuite générale. Tous les masques se bouscu-
lent aux portes. La scène se vide. Le chant
grandit.*

*Les fenêtres volent en éclats. De tous côtés,
des hommes armés escaladent la scène...*

C'est le Peuple. Cris de triomphe. Formi-
dable mugissement.

LE PEUPLE.

Allons, enfants de la Patrie,
Le jour de gloire est arrivé!...

UN TITI LETTRÉ.

E finita la commedia!

Alençon. — Imp., Lith. et Stér. Ch. Thomas.